Niños en la Tierra

Aventuras de vida Silvestre - Explora el Mundo
Squirrel Monkey - Costa Rica

Sensei Paul David

Página De Derechos De Autor

Niños en la Tierra: Aventuras de vida Silvestre - Explora el Mundo
Squirrel Monkey - Costa Rica
por Sensei Paul David,
Copyright © 2024.
Todos los derechos reservados.
978-1-77848-582-4
KoE_Wildlife_Spanish_eBook_Amazon_SquirrelMonkey
978-1-77848-581-7
KoE_Wildlife_Spanish_PaperbackBook_Amazon_SquirrelMonkey
978-1-77848-580-0
KoE_Wildlife_Spanish_PaperbackBook_Ingram_SquirrelMonkey
Este libro no está autorizado para su distribución y copia gratuita.

www.senseipublishing.com

@senseipublishing
#senseipublishing

Synopsis

Este libro proporciona 30 hechos únicos y divertidos sobre el mono ardilla, una especie de primate que se encuentra en las selvas tropicales de Centro y Sudamérica, incluyendo Costa Rica. Explora su dieta, comportamiento, hábitat y estructura social. También cubre sus características especiales, como sus garras curvas, ojos grandes y colas largas. El libro también explica por qué estos primates son excelentes mascotas y por qué son importantes para el ecosistema de la selva tropical. ¡Ya sea que tengas 6 o 12 años, encontrarás algo fascinante sobre el mono ardilla!

¡Obtenga nuestros libros GRATIS ahora!

kidsonearth.life

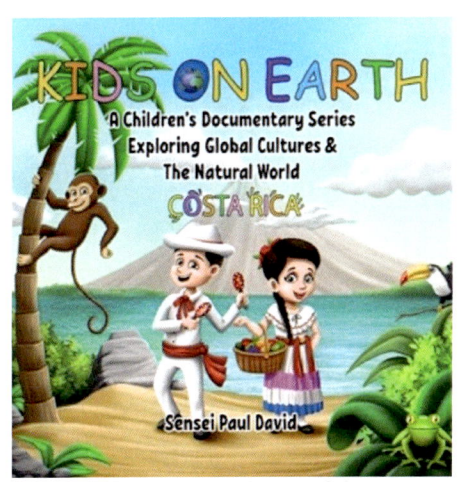

kidsonearth.world

Haga clic a continuación o busque en Amazon otro libro de cada serie o visite:

¡Únete a nuestro viaje editorial!

Si desea recibir LIBROS GRATIS FUTUROS, Y conocernos mejor, Por favor, haga clic en el enlace www.senseipublishing.com Y únete a nuestro boletín ingresando tu dirección de correo electrónico en la caja emergente.

Sigue nuestro blog: senseipauldavid.ca

Sigue/Me gusta/Suscribirse: Facebook, Instagram, YouTube: @senseipublishing

Escanee el código QR con su teléfono o tableta

para seguirnos en las redes sociales: Me gusta / Suscríbete / Síguenos

Introducción

¡Bienvenido al mundo del increíble mono ardilla! Este libro está lleno de datos curiosos y divertidos sobre estas criaturas increíbles. Desde su dieta única hasta su fascinante comportamiento, aprenderás todo acerca de sus vidas en la selva tropical de Costa Rica. Explorarás su hábitat natural y descubrirás por qué son excelentes mascotas. No importa tu edad, seguro encontrarás algo fascinante sobre estas increíbles criaturas. ¡Así que sigue leyendo y explora el mundo del mono ardilla!

Los monos ardilla se encuentran en las selvas tropicales de América Central y del Sur, incluyendo Costa Rica.

Estos primates tienen una dieta que incluye frutas, nueces e insectos.

Tienen garras curvadas en sus manos y pies que les ayudan a trepar árboles rápidamente.

Los monos ardilla son animales muy sociales y viven en grupos grandes de hasta 200 individuos.

Tienen ojos grandes, lo que les permite ver en la oscuridad.

Los monos ardilla tienen una variedad de pelajes coloridos, incluyendo amarillo, naranja y negro.

¡Estos primates pueden saltar hasta 8 pies de altura!

Los monos ardilla son muy vocales y emiten una variedad de sonidos diferentes.

Son omnívoros y comen tanto plantas como animales.

Los monos ardilla son excelentes nadadores y a menudo se les ve jugando en el agua.

Usan sus colas largas para colgarse de las ramas y ayudarse a mantener el equilibrio.

Los monos ardilla son muy inteligentes y pueden ser entrenados para hacer trucos.

Estos primates tienen una esperanza de vida de hasta 15 años en la naturaleza.

Los monos ardilla son diurnos, lo que significa que están activos durante el día y duermen de noche.

Tienen un sistema de apareamiento único, en el que cada macho se apareará con varias hembras.

Estos primates viven en la cima de los árboles y rara vez bajan al suelo.

Los monos ardilla tienen un comportamiento de unión especial con sus madres, conocido como "canguro".

Se comunican entre sí utilizando una variedad de expresiones faciales y lenguaje corporal.

Estos primates son muy juguetones y disfrutan jugando entre ellos y con su entorno.

Los monos ardilla tienen una amplia gama de depredadores, incluyendo serpientes, halcones e incluso gatos.

También son muy territoriales y se sabe que luchan con intrusos.

Los monos ardilla tienen un llamado fuerte que puede escucharse hasta una milla de distancia.

Estos primates son excelentes escaladores y pueden subir hasta 30 pies de altura en un solo salto.

Sus colas se usan para agarrar ramas y ayudarles a moverse a través del dosel.

Los monos ardilla son muy curiosos y a menudo exploran su entorno.

Tienen un sistema digestivo único que les ayuda a extraer nutrientes de su comida.

A veces se mantienen monos ardilla como mascotas, pero requieren mucha atención y cuidado.

Los monos ardilla son importantes para el ecosistema de la selva tropical, ya que ayudan a dispersar las semillas de las plantas que comen.

Tienen una capacidad única para adaptarse a su entorno, lo que les permite sobrevivir en muchos hábitats diferentes.

Los monos ardilla son algunas de las criaturas más fascinantes del mundo y realmente asombrosos de observar en la naturaleza.

Conclusión

El mono ardilla es una criatura increíblemente interesante, con una dieta y un comportamiento únicos que los diferencian de otros primates. Son animales inteligentes, sociales y muy curiosos que son un placer de observar en la naturaleza. También son importantes para el ecosistema de la selva tropical, ya que ayudan a diseminar las semillas de las plantas que comen. No importa la edad que tengas, encontrarás algo fascinante acerca del mono ardilla.

Gracias por leer este libro!

Si encontraste este libro útil, estaría agradecido si publicaras una reseña honesta en Amazon para que este libro pueda llegar y ayudar a otras personas.

Todo lo que necesitas hacer es visitar amazon.com/author/senseipauldavid Haga clic en la portada correcta del libro y haga clic en el enlace azul junto a las estrellas amarillas que dice "reseñas de clientes"

Como siempre...

Es un gran día para estar vivo!

¡Comparta nuestros libros electrónicos GRATIS ahora!

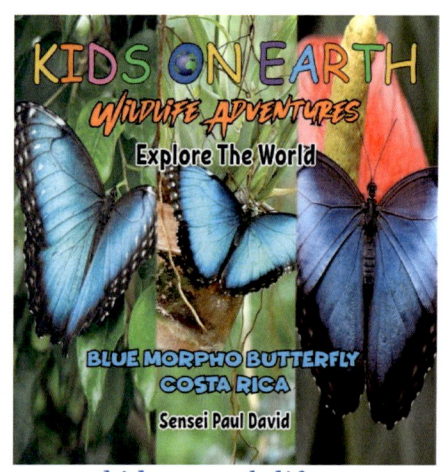

kidsonearth.life

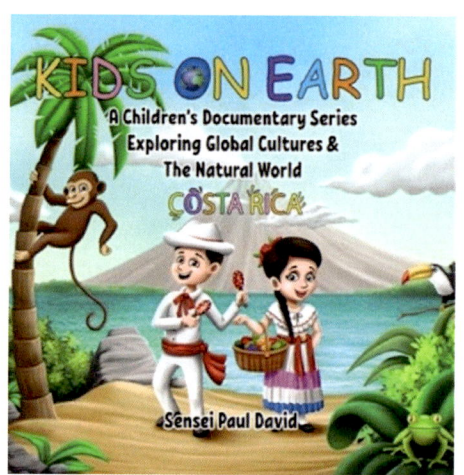

kidsonearth.world

Haga clic a continuación o busque en Amazon otro libro de cada serie o visite:

www.amazon.com/author/senseipauldavid

Mira nuestras **recomendaciones** para otros libros para adultos y niños, además de otros grandes recursos visitando.

www.senseipublishing.com/resources/

Únete a nuestro viaje editorial!

Si desea recibir LIBROS GRATIS, ofertas especiales, visite por favor.

www.senseipublishing.com Y únete a nuestro boletín ingresando tu dirección de correo electrónico en la caja emergente

Sigue nuestro atractivo blog AHORA!

senseipauldavid.ca

Consigue nuestros libros GRATIS hoy!

Haz clic y comparte los enlaces a continuación

Libros gratis para niños

lifeofbailey.com

kidsonearth.world

Libro de auto-desarrollo GRATIS

senseiselfdevelopment.senseipublishing.com

BONO GRATIS!!!

Experimenta más de 25 meditaciones guiadas gratuitas y entretenidas!

Habilidades y prácticas preciadas para adultos y niños. Ayuda a restaurar el sueño profundo, reducir el estrés, mejorar la postura, navegar la incertidumbre y más.

Descargue la aplicación gratuita Insight Timer y haga clic en el enlace a continuación:
http://insig.ht/sensei_paul

Si te gustan estas meditaciones y quieres profundizar, envíame un correo electrónico para una sesión de coaching en vivo GRATIS de 30 minutos:
senseipauldavid@senseipublishing.com

Acerca de Sensei Publishing

Sensei Publishing se compromete a ayudar a las personas de todas las edades a transformarse en mejores versiones de sí mismas proporcionando libros de autodesarrollo de alta calidad y basados en investigaciones con énfasis en la salud mental y meditaciones guiadas. Sensei Publishing ofrece libros electrónicos, audiolibros, libros de bolsillo y cursos en línea bien escritos que simplifican temas complicados pero prácticos en línea con su misión de inspirar a las personas hacia una transformación positiva.

Es un gran día para estar vivo!

Sobre el autor

Creo libros electrónicos y meditaciones guiadas simples y transformadoras para adultos y niños, probadas para ayudar a navegar la incertidumbre, resolver problemas específicos y acercar a las familias.

Soy un ex gerente de proyectos financieros, piloto privado, instructor de jiu-jitsu, músico y ex entrenador de fitness de la Universidad de Toronto. Prefiero un enfoque basado en la ciencia para enfocarme en estas y otras áreas de mi vida para mantenerme humilde y hambriento de evolucionar. Espero que disfrutes mi trabajo y me encantaría escuchar tus comentarios.

- Es un gran día para estar vivo!
Sensei Paul David

Escanea y sigue/me gusta/suscribete: Facebook, Instagram, YouTube: @senseipublishing

Escanea con la cámara de tu teléfono/iPad para las redes sociales

Visítanos www.senseipublishing.com Y regístrate a nuestro boletín para aprender más sobre nuestros emocionantes libros y para experimentar nuestras Meditaciones Guiadas GRATIS para Niños y Adultos.

www.ingramcontent.com/pod-product-compliance
Lightning Source LLC
Chambersburg PA
CBRC091723070526
44585CB00008B/157